मेरे घर आना
ज़िंदगी

सुधीर अधीर

TANEESHA
PUBLISHERS

Title : Mere Ghar Aana Zindagi

Author : Sudhir Adheer

Edition : First (June, 2025)

ISBN : 9789349789326

Published by

TANEESHA PUBLISHERS | *A Venture by -* **PRACHI DIGITAL PUBLICATION**

Regd. Add.: 254, Khuriyakhatta No. 10, Bindukhatta,
Lalkuan, Nainital - 262402, Uttarakhand, India
Website : www.taneeshapublishers.in
E-mail : taneeshapublishers@gmail.com
Phone : +91 8454 812712, +91 8057 812712

Printed by :
Manipal Technologies Limited, Bengaluru - 560001, Karnataka

परिवार को समर्पित

अनुक्रमणिका

लेखकीय

नाम तो सुधीर लेकिन
लेखनी बिल्कुल अधीर
कविता के दर्पण में सिमटी
जीवन की हर एक तस्वीर

चिंतन के सागर में डूबी
और चेतना का नभ छूती
छंदों की सीपी में ढलती
मोती बनती मन की पीर

जी हाँ, हर किसी को अपनी रचना, कृति या कोई भी सृजन ऐसा ही लगता है जैसे मन का दर्पण, चिंतन का सागर, चेतना का नभ, मन का मोती और भी ना जाने क्या-क्या! मैं भी कोई अपवाद नहीं हूँ। इन बड़े-बड़े मापदंडों पर मेरी यह प्रस्तुति कितनी खरी उतरती है, यह तो पाठकों के मूल्यांकन के साँचे में ढलने पर ही सिद्ध हो सकता है। मैं कितने पानी में हूँ, यह तो तभी ज्ञात होगा जब यह ऊँट आपकी नीरक्षीरविवेकी दृष्टि के पहाड़ के नीचे आयेगा।

इसमें मेरा कोई विशेष पुरुषार्थ नहीं है। माँ शारदा ने मेरी लेखनी को हंसासन बनाकर कल्पना के आकाश में जहाँ तक उड़ा दिया, वही सब कुछ समेटकर, शब्दों के इस दोने में भरकर माँ के चरणों में नैवेद्य-रूप में प्रस्तुत किया है। जैसे माँ के द्वारा परोसी गयी ममतारससिक्त थाली में से एक ग्रास निकालकर कोई अबोध बालक, “लो, माँ, काओ”, कहते हुए माँ के मुँह में रख देता है, ऐसा ही एक बचकाना प्रयास करते हुए माँ की वात्सल्यधारा में से एक अंजुलि में भरकर कुछ

बूँदें माँ के चरणकमलों में सादर समर्पित कर रहा हूँ। इस भावगंगा की गंगोत्री भी वहीं है, माँ के श्रीचरण और गंगासागर भी वहीं, माँ के चरणकमल। मैंने तो केवल इस बहती गंगा में हाथ धोने का प्रयास किया है।

गोस्वामी जी के शब्दों में,

"जौं बालक कह तोतरि बाता,
सुनहिं मुदित मन, पितु और माता"

मेरी इन तोतली बातों को पाठकगण गुरु, पितु, माता बनकर आशीर्वाद देंगे, इस आशा के साथ, प्रस्तुत है मेरी यह पुस्तक, "मेरे घर आना, जिंदगी"।

यह आवाहन माँ शारदा को निवेदित है कि भाव, चिंतन और चेतना की त्रिवेणी बनकर मन, प्राण और आत्मा को चिरसिंचित करें। सत्य की एक सूर्य-रश्मि बनकर जड़मानस को आलोकित करें और जीवन को नवपरिभाषा दें। सभी पाठकों की स्नेहधारा बनकर इस तुच्छ प्रयास को सार्थक करें।

भवदीय,
सुधीर अधीर
दुबई (यू. ए. ई.)

दो शब्द

कविता जीवन की धड़कनों को शब्दों में पकड़ने का एक संवेदनशील माध्यम है और श्री सुधीर अधीर का यह संग्रह "मेरे घर आना ज़िन्दगी" उसी संवेदनशीलता और सजीवता का साक्षात प्रमाण है। ये कविताएँ केवल भावनाओं का प्रवाह नहीं हैं, बल्कि विचार, संघर्ष और आशा के रंगों से रचित आत्मदर्शन हैं। इस संग्रह में जीवन की विविध परतें—व्यक्तिगत संवेदना से लेकर सामाजिक सरोकार तक—अभिव्यक्त हुई हैं। सुधीर जी की भाषा सहज, संप्रेषणीय और हृदय को छू लेने वाली है। उनकी कविताएँ न तो दिखावे की जटिलता में उलझती हैं, न ही भावों की सरलता को खोने देती हैं। इस संग्रह को पढ़ते हुए ऐसा प्रतीत होता है मानो कवि पाठक से आत्मीय संवाद कर रहा हो, उसे अपने जीवन की धूप-छाँव में सहभागी बना रहा हो।

डा. नितीन उपाध्ये
प्राध्यापक, साहित्यकार
दुबई

प्रस्तावना

कविता मानव आत्मा की वह पुकार है जो शब्दों के माध्यम से जीवन की गहराइयों को छूने का प्रयास करती है। श्री सुधीर अधीर का काव्य संग्रह "मेरे घर आना ज़िन्दगी" ऐसी ही एक भावनात्मक यात्रा है—जहाँ शब्द, संवेदना के स्पर्श बन जाते हैं, और पंक्तियाँ, आत्मा की परछाइयाँ। यह संग्रह केवल कविताओं का संकलन नहीं, बल्कि जीवन से सीधा संवाद है। इन कविताओं में एक आम व्यक्ति की अनुभूतियाँ, संघर्ष, प्रेम, विछोह, आशा और अस्तित्व की गूँज सुनाई देती है। सुधीर जी की कविताएँ न तो आडंबरपूर्ण हैं, न ही किसी वैचारिक बोझ से दबी हुई। वे सहजता से पाठक के भीतर उतरती हैं और वहीं अपना स्थान बना लेती हैं। हर कविता जैसे अपने भीतर एक कहानी समेटे हुए है—कभी एक माँ के हाथों की खुशबू, कभी खोए हुए बचपन की पुकार, कभी जीवन के कठोर यथार्थ से टकराते सपनों की टूटन।

"मेरे घर आना ज़िन्दगी" एक पुकार है—जीवन से, उसकी सहजता से, उसकी सुंदरता और कुरूपता से, उसकी अनिश्चितता से। कवि ने अपनी संवेदनशील दृष्टि से जिन विषयों को छुआ है, वे समकालीन होते हुए भी शाश्वत लगते हैं। संग्रह की एक विशेषता यह है कि यह न तो केवल व्यक्तिगत है और न ही पूरी तरह सामाजिक—यह इन दोनों के बीच के सेतु की तरह कार्य करता है।

सुधीर अधीर की भाषा सधी हुई है—न अधिक अलंकारिक, न अधिक सरल—एक संतुलन जो पाठक को बाँधे रखता है। वे शब्दों से चित्र रचते हैं, भावों से वातावरण गढ़ते हैं और हर कविता के अंत तक एक प्रश्न छोड़ जाते हैं—कहीं भीतर तक गूँजता हुआ।

यह संग्रह उन सभी पाठकों के लिए है जो कविता को सिर्फ पढ़ना नहीं, महसूस करना चाहते हैं। यह उन पलों को सहेजता है जो अक्सर जीवन की आपाधापी में छूट जाते हैं। सुधीर अधीर की यह काव्य-यात्रा हमें अपने भीतर झाँकने का अवसर देती है—शायद यही एक सच्चे कवि की सबसे बड़ी उपलब्धि है। सुधीर अधीर की कविताओं का यह संग्रह अत्यंत भावपूर्ण, विचारोत्तेजक और समकालीन सामाजिक, आध्यात्मिक तथा मानवीय संवेदनाओं से परिपूर्ण है।

मैं यहाँ कुछ कविताओं का विशेष रूप से उल्लेख करना चाहूंगा। 'पहला-पहला कदम' यह कविता एक प्रेरणात्मक यात्रा का प्रतीक है—जहाँ जीवन के हर पहले कदम को नवचेतना, नवसंकल्प, और नवप्रयास के रूप में प्रस्तुत किया गया है। यह कदम सिर्फ चलना नहीं, बल्कि

विकास, संघर्ष और निर्माण की प्रक्रिया को दर्शाता है। कविता गहराई से यह समझाती है कि हर शुरुआत अपने भीतर संभावनाओं का एक आकाश समेटे होती है। एक अन्य कविता 'जमीन से जुड़ा आदमी' आम आदमी की जद्दोजहद, यथार्थ, और सरल परंतु मजबूत जीवन-दृष्टिकोण की गाथा है। सुधीर अधीर ने यहाँ एक ऐसे चरित्र का चित्रण किया है जो झूठी चमक-दमक से दूर, जमीनी सच्चाइयों से जुड़ा हुआ है। यह कविता मूल्यों, संघर्षों और आत्मसम्मान की बात करती है। 'मेरा अपना आप' कविता आत्म-चिंतन का भावनात्मक दस्तावेज़ है। इसमें आत्म की वापसी और 'स्व' की पुनः खोज का मार्मिक विवरण है। मनुष्य की उस स्थिति को दर्शाती है जब वह दुनिया में खुद को खोजते-खोजते खुद को ही खो बैठता है और अचानक एक दिन खुद से सामना हो जाता है। 'मैं एक सोई चेतना हूँ' इस कविता में आधुनिक सभ्यता की विडंबनाओं और पर्यावरण, संवेदनाओं, सामाजिक व्यवस्थाओं, और मानव मूल्यों के पतन पर तीव्र कटाक्ष है। इसमें "विकास" के खोखले स्वरूप और उसकी आड़ में हो रहे आत्मघाती निर्णयों की गहरी आलोचना है। वही 'आखिर है यह कौन?' एक गूढ़, दार्शनिक कविता है जो आत्म के रहस्य, मन के मौन और चेतना के स्वर की खोज करती है। यह कविता एक अंतर्दृष्टि प्रदान करती है—जहाँ मन का मौन भी संवाद करने लगता है।

वैसे तो इस संग्रह की हर एक रचना अपने आप में एक नया भाव,संवेदना समेटे हुए है पर कुछ अन्य रचनाएँ जो मन को स्पर्श करके शीतलता का अहसास कराती हैं, वे हैं, "एक पुरानी खिड़की", "मेरे घर आना, ज़िंदगी", "छोटे-छोटे कायनात कई", "जब दर्द दिल से बूँद-बूँद कर", "कल फिर हो ना हो", "आज भी ज़िंदा है", और "मन के कोरे कैनवास पर" – ये सभी गहरे भावनात्मक और जीवन के विविध पहलुओं को संवेदनशीलता से छूने वाली रचनाएँ हैं। सुधीर अधीर की लेखनी में जो संवेदना, आत्मनिरीक्षण और मानवीय अनुभवों की परतें हैं, वे पाठक को भीतर तक प्रभावित करती हैं।

सुधीर अधीर की कविता शैली की विशेषताएँ:

भावनाओं की तीव्रता और प्रतीकों की व्यापकता

संवेदनशील सामाजिक दृष्टिकोण और आध्यात्मिक अंतर्दृष्टि

सशक्त शिल्प, छंदमुक्त परंतु लयबद्ध रचना

लोक जीवन से जुड़े प्रतीक: जमीन, आँचल, छाँव, धूप, पग, अंगद, गंगा-जमुना आदि

गहरी मानवीय संवेदनाएँ और समाज की विसंगतियों का विवेकपूर्ण चित्रण

मैं श्री सुधीर अधीर जी को उनके नवीनतम काव्य संग्रह 'मेरे घर आना ज़िन्दगी' के लिए हार्दिक शुभकामनाएँ प्रेषित करता हूँ। मुझे पूर्ण विश्वास है कि यह संग्रह जीवन की संवेदनाओं को शब्दों में पिरोकर पाठकों के हृदय को अवश्य छुएगा। आपकी सृजन यात्रा इसी प्रकार अनवरत जारी रहें।

डॉ. नितीन उपाध्ये
प्राध्यापक, साहित्यकार
दुबई

प्रथम दृष्ट्या

"मेरे घर आना ज़िंदगी", सुधीर अधीर जी का दूसरा काव्य संग्रह है जिसमें भावना और चेतना के विलक्षण धरातल पर सृजित रचनायें संग्रहीत हैं। यूएई में वर्षों से रहने के बावजूद उन्होंने अपने देश को अपने भीतर जीवंत रखा है। उनकी कविताओं में देश की मिट्टी की महक और जीवन का अनुभव पाठक साफ-साफ महसूस कर सकते हैं। अपने परिचय में पुस्तक की शुरुआत उन्होंने खुद को "अधीर" कहते हुए किया हैं जो मुझे लगता है कि उनकी कविताओं के साथ अन्याय है क्योंकि उनकी कविताओं की एक-एक पंक्ति में ठहराव है जो पाठकों को बाँधे रखने का सामर्थ्य रखती है।

सबसे पहली कविता की शुरुआत उन्होंने सरस्वती वंदना से करके माँ शारदे को नमन कर उनका आभार व्यक्त किया है। फिर "मैं जीवन हूँ", में उन्होंने, निरंतर आगे बढ़ते रहने वाले जीवन के प्रवाह को बड़ी ही खूबसूरती से प्रस्तुत किया है। "मेरे घर आना ज़िंदगी" में माँ की यादों के साथ-साथ, बचपन की खट्टी-मिट्ठी यादों का भी जिक्र किया हैं इसी तरह "कल फिर हो ना हो", "मैं जीना सीख गया", कविताओं की एक-एक पंक्ति पढ़ते-पढ़ते पाठक भी खुद को जुड़ा हुआ महसूस कर पायेंगे। "मैं हूँ एयर कन्डिशनर", कविता के माध्यम से उन्होंने आधुनिकता की आड़ में अपनी मिट्टी और जड़ों से दूर हो जाने वाले लोगों पर शब्दों से तीक्ष्ण प्रहार किया है।

"वो बापू खादी वाला", "अर्धनारीश्वर सा सच", "समय के हस्ताक्षर", "छोटे-छोटे कायनात कई", "जब दर्द दिल से बूँद-बूँद कर", "आज भी जिंदा है", "मन के कोरे कैनवास पर", "ज़िंदगी है एक सफर", "जमीन से जुड़ा आदमी", अन्य विविध प्रकार की संवेदनशील कविताएं शामिल हैं। अतीत की यादें, जीवन के गहरे अनुभव और आने वाले कल का अद्भुत समन्वय करके अपनी हर एक कविता में सकरात्मकता के साथ उन्होंने जीवन के हर पहलू को छुआ है। इस कविता संग्रह की कविताएं पाठकों के दिल तक पहुँचने और उन्हें उद्वेलित करने की सामर्थ्य रखती हैं। मैं सुधीर जी को इस कविता संग्रह की सफलता के लिए मेरी शुभकामनाएं देती हूँ।

निशा गिरि (यूएई)
कवयित्री, लेखिका,
व्यंग्यकार, व हास्य कवि

माँ शारदा के चरणों में

शत-शत नमन
वंदन-अर्चन
श्रद्धासुमन
माँ शारदा के चरणों में

हो नतमस्तक
करता अर्पण
मन का दर्पण
माँ शारदा के चरणों में

कुछ भावपुष्प,
उद्‌गारकुसुम का
सहज समर्पण
यूँ कर रहा
यह अकिंचन
माँ शारदा के चरणों में

अर्पित सतत
यूँ अनवरत
है प्रतीक्षारत
करने माँ की
छवि प्रतिबिंबित
कृतज्ञ मन का
यह दर्पण
आतुर पाने को

अनुकंपा का एक इंगित
हो बारंबार समर्पित
माँ शारदा के चरणों में

आंजनेय सम
जाने क्यूँ
निज प्रतिभा से अनभिज्ञ मन
शंका-संशय से जाने क्यूँ
पल-पल यूँ छिन्न-भिन्न मन
है दिशाहीन, यूँ दिग्भ्रमित,
पगबाधाओं से
बार-बार यह खिन्न मन
हो पूर्णकाम, निष्काम अब
हो अहंशून्य और आप्तकाम अब
खोजता है
अब में सिमटा सा एक रब
माँ शारदा के चरणों में

बना इस लेखनी को हंसासन
नवकल्पना की एक नयी उडा़न दो
नवचेतना से आलोकित
एक नवीन वितान दो
अनुभूतियों को नित नूतन
मुस्कान दो
शब्दों को विस्तार दो
छंदों का आकार दो
नवसृजन का आधार दो
माँ शारदा, इन चरणों में

भावों को माधुर्य दो
चित्रण को चातुर्य दो
चिंतन को चैतन्य दो
पाकर जिसे मन धन्य हो
नवदृष्टि हो, नवसृष्टि हो
तव कृपादृष्टि अनन्य हो
इस वीणा में नवचेतन की
एक दिव्य झंकार दो
माँ शारदा, तव चरणों में

यह शरणागत मन
करे निवेदन, आवेदन,
माँ आन बसो
हर शब्द में
हर छंद में
भावों के हर
अनुबंध में
हर कविता के
सब चरणों में
रचना के सब
अवतरणों में
हर भावसरित् की
हर तरंग में
मनमयूर के
हर नर्तन की
हर उमंग में

अब माँ जाने,
उसकी मर्जी
अब तो रख दी है
यह अर्जी
माँ शारदा के चरणों में
माँ शारदा के चरणों में

रश्मि-रथ

(दक्षिणायन से उत्तरायण की ओर, भगवान भास्कर के भव्य प्रयाण के इस अद्भुत संक्रमण की साक्षी, कालचक्र की दिव्यतिथि मकर संक्रांति की भव्यता से अभिभूत मन के उद्‌गार)

अक्षय ऊर्जा,
दिव्य तेज,
तेज में सिमटा
एक संदेश

नवचेतना
नवप्रेरणा
आलोक-पुंज
एक रश्मिरथ

करता सृजित
पग-पग, पल-पल
एक अग्निपथ
यह अग्निरथ

जग को नित
जागृत करने का
एक विलक्षण सा मनोरथ
संकल्प का नित नया भगीरथ

जिसके सातों
अश्वों में है
पवन का द्रुत वेग
चैतन्य का आवेग
प्रबल, प्रखर संभावनाओं
का अद्भुत संवेग

बना स्वयंभू
दिव्य ऊर्जा का
एक अद्भुत अग्निकुंड
तेज, प्रताप और प्रकाश
चिरकाल से अक्षुण्ण

अनादि और अनंत
अछेद्य और अभेद्य,
अखंड और प्रचंड,
महाकाल का मेरूदंड

चिर तपस्वी,
महामनस्वी,
और अद्भुत तेजस्वी
चिर त्याग मूर्ति
और चिर साधक
बन कालचक्र का साक्षी
नि:स्वार्थ, निराकांक्षी
जीवंतता का अग्रदूत
रात दिन का संचालक
चैतन्य का चिर संवाहक

हर एक प्रभात, नवजात
ओज और बोध की नवजोत
हर ऊर्जा का परमस्रोत
नित दिव्यता का उत्सर्जन
उस परमसत्य का एक दर्पण

करो समर्पण, अर्घ्य–अर्पण
कर हर विकार का विसर्जन
कर नवप्रभात में नवदर्शन
कर चैतन्य से समृद्ध चिंतन
कर भास्कर का नित वंदन
सत्य, शिव और सुंदर का
अद्भुत अभिनंदन

हो आप्तकाम, हो पूर्णकाम
बन कर्मवीर होकर निष्काम
हर जड़ता को दे पूर्ण विराम
कर नतमस्तक करबद्ध प्रणाम

मैं जीवन हूँ

दुनिया के इस मेले में
अद्भुत से इस खेले में

बूँद-बूँद
घटती रहती,
पर कदम-कदम
बढ़ती रहती इस
उम्र के इस रेले में

धुँधले हों या फिर उजले
पिछले और अगले
कुछ लमहों से घिरते-घिरते

नियति के हाथों से
पल-पल बिछती रहती
कुछ अनजानी,
कुछ पहचानी सी
राहों की इस चादर पर
चलते-फिरते

पर फिर भी सबसे अलग-थलग
ना जाने क्यूँ विलग-विलग
यूँ छिटका सा
कुछ ठिठका सा
हाँ, दूर कहीं,

मजबूर कहीं
मन में, कहीं अकेले में
तनहाई की गोदी में मैं
पल-पल पलता रहता हूँ

हमसफर बन चलती
हर एक मौज से
ना जाने किस जोश में
मदहोशी के आगोश में
छला कभी और कभी-कभी
छलता रहता हूँ

मैं जीवन हूँ
रुकना मेरी मौत है,
थकना मेरी शाम है
चलता रहता हूँ

मैं जीवन हूँ,
चलना मेरा काम है
चलता रहता हूँ

मैं जीवन हूँ,
चलना मेरी शान है,
चलता रहता हूँ

चलता तो सबके साथ हूँ
पर तनहा हूँ

वक्त की मैं
एक अद्भुत सौगात हूँ,
मैं लमहा हूँ

बहते दरिया की तरह हूँ
मैं ही जीने की वजह हूँ
हर दिन नयी-नवेली सी
एक सुबह हूँ

कभी रात का अँधियारा
तो कभी सुबह की किरण हूँ
कभी विरह हूँ,
कभी मिलन हूँ

आकाश के उस वरदहस्त से
बिखरा एक प्रकाश हूँ

धरती की हरी-भरी गोदी में
क्षण-क्षण, कण-कण
बिखरा-बिखरा,
निखरा-निखरा
नवजीवन का विकास हूँ

मैं नित-नूतन पहचान पाता,
जीने का एक अरमान पाता,
सैलाब में मैं तिनके की तलाश हूँ

पल–पल की बगिया में
फलता और फूलता
सुख–दु :ख को जीता,
खुद को पल–पल में
छलता और भूलता
पिछले कल और
अगले कल की जंजीरों से
बढ़ते कदमों को रोकती सी
इन लकीरों से
हर पल खुद को मुक्त कर
अस्तित्व को आजाद कर,
उन्मुक्त कर
हर रोज नयी कहानी लिखता
हर मौज पर रवानी लिखता
हर बीते–रीते कल से बाहर
आकर एक जवानी लिखता
आज हूँ
जीने का एक अंदाज हूँ
उल्लास का आगाज़ हूँ

नित खोजता नवपरिभाषा
पल–पल चलती रहती
साँसों की भाषा
क्षणभंगुर इस जीवन में
पल–पल पलती रहती सी
जीने की एक आस हूँ

मत समझो,
मैं ठहरा–ठहरा,
वक्त की हर थिरकन से
इसके यौवन की धड़कन से
हो अंधा–बहरा,
कुछ टूट चुके
कुछ छूट चुके
अवसर में सिमटा "काश" हूँ

बिखरा–बिखरा हूँ बूँद–बूँद
हर लमहा मैं बिंदास हूँ
हूँ तनहा मैं
फिर भी
सबके पास हूँ

हर पडाव़ पे,
हर उतार के,
हर चढाव़ के झूले में
मैं झूलता हूँ

कानों में पड़ती रहती
मौत के कदमों की
हर एक आहट को
भूलता हूँ

पीता हूँ जीवन की बूँदें
घूँट–घूँट भर
आँख मूँदकर

हर बचपन का चहका-चहका
अल्हड़पन हूँ
पलकों के साये में पलते
अहसासों का आमंत्रण हूँ
यौवन की भूलभुलैया में
बहका-बहका अंधापन हूँ

मैं कान्हा की मुरली से छिटका
राधा का नूपुर बन थिरका
महारास का सरगम हूँ
मैं यमुना-जल,
कण-कण सुरभित
महका-महका वृंदावन हूँ

मैं हर उधड़न की सीवन हूँ
हर रूठती सी आस में
अंतिम उखड़ती,
टूटती सी साँस में
खुद को तलाशता जीवन हूँ

हर एक पतझड़ में
खुद को तलाशता मधुबन हूँ
संकल्पों की पैनी-पैनी छेनी से
राह के हर पत्थर पर
खुद को तराशता जीवन हूँ

हर अवसर की सीपी में ढल-ढल
मोती बनने को आतुर पल-पल

स्वातिबिंदु छलकाता सा
एक काल-पात्र हूँ

हर श्राद्धपक्ष की निद्रा से
बार-बार फिर जागृत
माँ की पाँवों की आहट से
होता रहता पल-पल झंकृत
जगदंबा का शुभ आगमन
नवरात्र हूँ

हर पत्थर में छिपा हुआ
शिवलिंग हूँ
मैं महाकाल का शिव-सुंदर
मंगलमय प्रतिबिंब हूँ
हर पथ के
कण-कण में
क्षण-क्षण
अंकित उसका
पदचिह्न हूँ

हर जड़ता में चैतन्य का
उद्दीपन हूँ
काल की हर कालिमा में
अपनी जगह बनाता सा
संजीवन हूँ
मैं जीवन हूँ
मैं जीवन हूँ

एक पुरानी खिड़की

एक पुरानी खिड़की
जैसा ही तो होता है
हर साल के आखिरी दिन का
हर एक बेशकीमती लमहा
जो लगता कुछ तनहा–तनहा
बिखरता, छिटकता सा
ठिठकता, झिझकता सा
रुकता–चलता,
हँसता और सिसकता सा

मन की नाजुक पंखुडियों पर
ढलकता सा
एक खुशनुमा अहसास बन,
और कभी संग आँसुओं के,
छलकता सा

जो ले आता है साथ अपने
खट्टी–मीठी सी यादों में
सिमटी–सिमटी सी बहारें
भीनी सी खुशबू कभी
और कभी आँसुओं की फुहारें
बार–बार मन को पुकारे
झाँकने को, खोलकर
कुछ बंद झरोखे,
बार–बार हमको टोके

“जरा ठहर तो,
कुछ घडी.और
कुछ पहर तो,
जरा ठिठककर
साथ निभा ले,
साथ बिठा ले,
मन के कोने में बसा ले

कल गुजर जाने वाले
इस बासी साल को,
बन पुराना,
कल के पहले
पल में ही
जीवन की दीवार से
एक पुराने कलेंडर से
थोडा.सा उदास होकर
एक झटके में अचानक
उतर जाने वाले,
बेआबरू होकर
जीवन के हर कूचे से
निकल जाने वाले
इस आउटडेटेड माल को

इसके हर पन्ने में सिमटी
तारीखों को
उनके हर लमहे में सिमटे
कुछ खुशनुमा अहसास और
पाँवों में काँटा बन चुभती

तकलीफों को
यादों की गहरी घाटियों में
कुछ सतरंगी, कुछ बदरंगी सी
तस्वीरों सा आज सजा ले”

तभी अचानक
एक निर्मम सी आँधी
आगे बढ़ते वक्त की
दो टूक सी मुनादी
इन नाजुक से अहसासों की
बनकर बरबादी

इस खिड़की के पाटों को
बीते कल से होती इन मुलाकातों को
बेरुखी से बंद सा कर देती है

यादों की इस बयार को
मन के हर झनके तार को
इसके कोने में बसते
जज़्बात के संसार को
सन्नाटे से लादकर
सन्न सा कर देती है

और जबरन मुँह मोड़कर,
सब कुछ पीछे छोड़कर,
एक ही झटके में नाता तोड़कर
आगे और बस आगे ही
देखकर चलते रहने को
अनायास, अनचाहे ही
रजामंद सा कर देती है

मेरे घर आना, जिंदगी

मेरे घर आना जिंदगी
मेरे घर आना जिंदगी

पल–पल में सिमटे आज को
मन के हर अहसास को
अंतर्मन की आवाज को
जीने के हर अंदाज को
हर एक नये आगाज़ को
बनाते जाना बंदगी
मेरे घर आना जिंदगी
मेरे घर आना जिंदगी

बन ममता की मीठी लोरी
बन माँ के आँचल की छाया
बनकर पिता का अभयहस्त
बन अनगिन आशीषों का साया
बनकर मासूम बचपन सी
पचपन में झलके बचपन सी
हर एक रिश्ते के दोने में
उडेल़ती अपनापन सी
मन की नाजुक पंखुडियों पर
एक स्वातिबिंदु सी
ढलक जाना जिंदगी
मेरे घर आना जिंदगी
मेरे घर आना जिंदगी

सहसा पलकों पर बिखरती
मोती सी बनकर निखरती
रोशनी के वास्ते
खुद को जलाती शमा सी
हर मासूम भूल पर
माँ के जैसी क्षमा सी
हर रोज एक
मुस्कुराती सुबह सी
खुश रहने की एक
खुशनुमा सी वजह सी
मन के आँगन में
प्यार की एक जगह सी
धरती जैसी हरी-भरी
कण-कण ममता से भरी-भरी
गोदी बन जाना जिंदगी
मेरे घर आना जिंदगी
मेरे घर आना जिंदगी

हर प्यासे को कुआँ सी
एक रूहानी दुआ सी
हर एक चुभन पर
फूल की एक छुअन सी
हर प्रयास के वामन के
कदमों में सिमटे भुवन सी
हर नये सावन की पहली
बरखा की पहली बूँद सी
कण-कण में रब को ढूँढती
जन-जन की मंगलकामना बन

पल–पल में शुभ संभावना बन
हर उन्माद को संयम करती
हर वियोग को संगम करती
हर सन्नाटे में सरगम भरती
क्षण–क्षण एक नवदृष्टि बन
कण–कण पर प्रेम–वृष्टि बन
एक अद्भुत सृष्टि बन
बन तूलिका हर चित्र में,
चुराकर इंद्रधनुष से,
सात रंग भर जाना जिंदगी
मेरे घर आना जिंदगी
मेरे घर आना जिंदगी

कागज की नन्हीं नाव बन
किसी अपने के आने की आहट
कौए की काँव–काँव बन
बरसों पहले बिछुडा.गाँव बन
बूढे.बरगद की छाँव बन,
थिरके कान्हा की मुरली पर,
राधारानी के पाँव बन
मन को मनभावन वृंदावन
कर जाना जिंदगी
मेरे घर आना जिंदगी
मेरे घर आना जिंदगी

छोटे-छोटे कायनात कई

चोरी–चोरी, चुपके–चुपके
खुद से ही लुकते–छुपते
कुछ गुमसुम से,
कुछ चुप–चुप से
कुछ चहकते, कुछ महकते
कुछ बहकते, कुछ दहकते,
कुछ उमंगते, कुछ सुलगते,
हालातों से लुटते–लुटते
हो धुआँ–धुआँ घुटते–घुटते
दबे–ढके जज़्बात कई
छोटे–छोटे कायनात कई

लमहे–लमहे में सिमटे से
एक दूजे से लिपटे से
फिर अलविदा कहते जाते
उठती–गिरती सी लहरों संग
बहते जाते दिन–रात कई
छोटे–छोटे कायनात कई

वक्त के हर झोंके से,
पल–पल मिलते और
बिछुड़ते मौके से,
जिंदगी की रेत पे,
जिंदगी को देखते,
हर लमहे के झरोखे से,

नाजुक एक घरौंदे से
बनते-मिटते,
हिलते-मिलते से, खोते से
आते-जाते झंझावात कई
छोटे-छोटे कायनात कई

इन राहों की गर्द संग
खोते-सोते दर्द, उमंग
मन की गगरी से छलके से
पलकों की चिलमन पे ढलके से
बिखरे-बिखरे, निखरे-निखरे
रंग कई आकर ठहरे
कुछ गहरे-हल्के से

कुछ रूकते,
कुछ चलते से
इन भूलभुलैया सी
गलियों में ढलते से
ठोकर खाते
और फिर सँभलते से

कुछ कहते,
कुछ चुप रहते,
जो भी जीवन ने बाँटे,
थोडे.फूल, बहुत से काँटे
चुपके-चुपके सहते-सहते
तनहा-तनहा, लमहा-लमहा
बूँद-बूँद बहते-बहते
हर एक सुबह संग

एक नया सा आज बन
एक नये अंदाज का आगाज बन
हर एक छुअन, हर एक सिहरन
बनकर पल-पल एक धड़कन
पल-पल संग-संग कल में ढलकर
अपना वजूद खोते ही रहे

अपने नाजुक से कंधों पर
बस खुद को ढोते ही रहे
मोती पल-पल की सीप में
एक ज्योति हर एक दीप में
एक दरख्त हर एक
अवसर के बीज में
बोते ही रहे,
बोते ही रहे

कुछ बिखरते,
कुछ निखरते से
लमहों को
फूल बना
मन की झोली में
बनाकर रंग नया
इस सतरंगी रंगोली में
बनाकर हमजोली
जीवन की आँखमिचौली में
बनाकर बच्चे सा उन्मुक्त हास
जीवन की हँसी-ठिठोली में
एक भेंट से सहेजते
और संजोते ही रहे

जीवन बगिया को सींचते
जीवन की डोरी खींचते
हर एक उलझन,
हर एक अड़चन,
हर एक छुअन,
हर एक चुभन,
हर एक सिहरन,
हर एक फिसलन
सहते ही रहे
सहते ही रहे

इस जीवन के मेले में
इस भीड़ में अकेले से
लमहों के इस रेले में
बन बूँद-बूँद बहते ही रहे

हर मोड़, हर पडाव़ पे
हर उतार पे, हर चढाव़ पे
हर एक धूप-छाँव में
पसरे हर ठहराव से
मुँह मोड़कर
हर पल से नाता जोड़कर
हर कल को पीछे छोड़कर
हर लमहे संग छोटी-मोटी
जोड़-तोड़ कर
हर एक डगर संग
हमसफर बन
रहते ही गये,

बूँद-बूँद बन
जीवनधारा की
तरंग संग
बहते ही गये

बन खामोशी, एक मदहोशी,
बन दीवाना, हर अफसाना,
अपना हो या फिर बेगाना,
कहते ही रहे
कहते ही रहे
मन में सिमटी बात कई
छोटे-छोटे कायनात कई

जब दर्द दिल से बूँद-बूँद कर

जब दर्द दिल से
बूँद-बूँद कर
धीरे से छलकता है

दबे पाँव,
दस्तक देता सा
सीने पे ढलकता है

लाचार अधूरा सपना कोई
आँसू में पल-पल ढल-ढल
पलकों पे चाहे-अनचाहे
झलकता है

तब ना जाने कब, कैसे मेरा
अड़ियलपन, जिद्दी सा मन
भीमकाय से हालातों के सामने
मेरा ये पिद्दी सा मन
ताल ठोकता,
उसको तब-तब
वहीं रोकता
आ धमकता है

दर्द कलम की स्याही बनकर
कागज पर बिछ जाता है
रचनाधर्मी मन की नन्हीं

सुरमई सी अँखियों में
ममता का अद्भुत काजल बन,
फिर सपना बन इठलाता है

एक नन्हें से मासूम स्वप्न का
एक मुट्ठी आकाश बन
मंद-मंद मुस्काता है

तनहा-तनहा,
लमहा-लमहा
दर्द चाशनी सा बनकर
गीतों में ढलता जाता है
जिधर लेखनी ले जाये
बस चलता जाता है

कभी जिंदगी के हाथों
खुद छलता जाता सा
कभी जिंदगी को खुद ही
ये छलता जाता है
हालातों की आँच पे
पिघलता जाता है

जीवन से जो कुछ मिला
अच्छा-बुरा जो भी सिला
हर कालकूट,
बन नीलकंठ
शिव सा अवधूत
निगलता जाता है

कल फिर हो ना हो

पिछला कल तो बीत गया
अगला कल तो बस सपना है
जियो आज के हर पल को
बस एक यही तो अपना है

यह अपना सा,
यह अदना सा,
खूबसूरत सपना सा
हर आज में सिमटा ये अब
और हर अब में लिपटा ये रब,
रब जाने, ये पहचाने से
पल फिर हों ना हों

हम खोज रहे
जिस कल के पल
वो कल फिर हो ना हो

जो बीत गया
सो बीत गया
जो बीत-बीतकर
रीत गया
जो उस बीते में,
उस रीते में फँस गया
गहरी दलदल में धँस गया

हाँ, आज जो अब पास है
अपने आस-पास है
जो खूबसूरत इत्तफ़ाक़ है
महकता सा, चहकता सा
खुशनुमा अहसास है
हर पल के साये में पलता
पल-पल के साँचे में ढलता
एक नया अंदाज है

हर पल में बसते आज में
एक नये आगाज़ में
वक्त के इस साज पे
बजता यह सरगम
इसके सीने में थिरकते
अहसासों की यह धड़कन
कौन जाने,
कल फिर हो ना हो

है अजब वक्त की ये फितरत
बंद मुट्ठी में, इसकी, हर किस्मत
इस आसपास बिखरे अपने में
यूँ पल-पल निखरे से सपने में
पल-पल के बीजों से फूटे
अंकुरों जैसी हर हसरत

इन पर ढलकता ख्वाब़ ये
इनसे छलकता राज ये
इनमें झलकता आज ये

फिर वक्त के सैलाब में
खो जाये, गुम हो जाये
जो आज है, जो पास है,
वो पल फिर हो ना हो
वो कल फिर हो ना हो

हाँ, आज तो देखा–भाला सा,
साथ–साथ जिया सा है
लमहा–लमहा, बूँद–बूँद
भर घूँट–घूँट पिया सा है
कल का जाने क्या भरोसा,
कल फिर हो ना हो

हाँ, आज में जो वफ़ा है
वो वफ़ा उस बेवफा से
कल में हो ना हो
आज में अहसास का
जो खुशनुमा सा समाँ है
वो समाँ, उस गुमशुदा से
कल में हो ना हो

आज के हर रंग में
छोटे–छोटे लमहों में
सिमटे इसके हर अंग में
इस गुलशन के हर फूल संग
बिखरी–बिखरी हर गंध में
निखरी–निखरी जो फिजा.है
वो फिजा.

उस बेमजा से,
बेवजह से
कल में हो ना हो

और कौन जाने,
वो कल ही फिर हो ना हो

हाँ, जो आज है,
जो पास है
साया बनकर
आसपास है,
बस उसको ही समेट लो
अहसासों के दामन में
बस उसको ही लपेट लो
क्या पता महफ़ूज़ ये दामन
कल फिर हो ना हो

पिछला सब कुछ भूलता
संग–संग इसके झूलता
कड़ी धूप के बाद झूमता
पहला–पहला सा ये सावन
कल फिर हो ना हो

हाँ, जो अब है,
बस उसमें ही सिमटा रब है
बस वो ही बिंदास है
वो ही जीने की आस है
हर लमहा ही जीने की

एक प्यास है
हर एक साँस के बाद
मचलती सी एक साँस है
कौन जाने,
साँसों का ये
कोलाहल फिर हो ना हो
कल फिर हो ना हो

हर रात की एक नयी सुबह
हर आज की एक नयी वजह
एक नये अंदाज में
हर सीने के हर साज में
एक थिरकन की एक नयी जगह
कल फिर हो ना हो

यह एक नयी धड़कन,
एक हलचल
इससे बहका-बहका
यह पल
इसका यह
मासूम सा छल
कल फिर हो ना हो
कल फिर हो ना हो

आज भी जिंदा है

आज भी जिंदा है
हाँ, आज भी जिंदा है
जिंदा कहीं मौजूद मुझमें
मेरा एक वजूद मुझमें
एक मासूम बच्चे सा
गीली मिट्टी सा, कच्चा सा
नजर अंदाज करके जिसे
मेरे मन का यह नकली हिस्सा
एक सतही, छिछला
बिन प्रयास यूँ गढा.हुआ
मेरा यह झूठा किस्सा
आज भी शर्मिंदा है

हाँ, आज भी जिंदा है
झूठ के इस कीचड़ में
खिला हुआ एक सच्चा सा
अद्भुत,अलौकिक, विलक्षण
पुष्पित, विकसित, सुरभित सा
अमल, विमल, निर्मल,निश्छल सा
मन का यह कमल
जो महकता है, चहकता है
बार–बार

मन के एक कोने में दुबका,
सोया सा

मेरा वो अपना ऐतबार
हफ्ते भर की भूलभुलैया में
बरबस खोया-खोया सा
पीछे छूटा सा एक इतवार
मन की वीणा का, अनायास
टूटा एक तार
पीछे छूटा परिवार
उसके दामन में
तनहा, लमहा-लमहा
ढलता सा एक प्यार
जिसे भूल मेरा परिवेश
आज तक शर्मिंदा है
यहीं कहीं पर आसपास
बिंदास कहीं पर जिंदा है
हाँ, वो मेरा आप
अभी तक जिंदा है
दो कल के पाटों में खोया
वो आज अभी तक जिंदा है
मेरे साथ अभी तक जिंदा है
बनकर आस अभी तक जिंदा है
बार बार फिर, एक बार फिर
फिर से जिंदा होने का प्रयास
आज भी जिंदा है

मन के कोरे कैनवास पर

मन के कोरे कैनवास पर
अहसासों के बिखरे रंग
पल–पल की नव तूलिका से
जीवन के सब निखरे अंग

मन में नया कुछ झाँकता सा
गर्मजोशी की चादर से
हर उघडापन ढाँपता सा
दे रहा खुश रहने की
खुशनुमा सी एक वजह
प्राची का उल्लास समेटे
एक आशा, एक विश्वास समेटे
एक खूबसूरत सी सुबह

मन के इंद्रधनुष का साया
सतरंगी आभा से झिलमिल
अहसासों का सरमाया
एक अद्भुत सी रंगोली
रच रहा है
पल पल को हमजोली
कर रहा है

मन का सुरभित कोना–कोना
क्यूँ इस तरह यूँ
हँस रहा है

इस भूलभुलैया के पिंजरे में
यह पंछी क्यूँ फँस रहा है

लगता है यूँ लमहा-लमहा
जो कल तक था तनहा-तनहा
आँख मिचोली कर रहा है
अनगढ़ सी, एक अल्हड़ सी
हँसी-ठिठोली कर रहा है

एक मनभावन सा सावन बन
मन की तपती धरती को
मेघदूत के संबोधन से
नवचेतन के उद्बोधन से
एक मनमोहन सम्मोहन से
वृंदावन कर रहा है

जिंदगी है एक सफर

जिंदगी है एक सफर
बिखरा-बिखरा एक अवसर
कभी एक गुनगुनी सी धूप में
एक नये से रूप में
निखरा-निखरा एक अवसर
कभी-कभी एक मोड़ पे
खुद में सिमटे खुद से
खुद को जोड़ते
अवसरों का एक पडाव़
और इसमें आकर
दस्तक देकर
चोरी-चोरी, चुपके- चुपके
दबे पाँव
संभावना के तितर-बितर
बिखरे पत्तों के
तले दबे, छिपे, कुछ अधमिटे
कुछ अनजाने, कुछ पहचाने से
सफलता के हस्ताक्षर
जिंदगी है एक सफर

कुछ लमहों की भीड़-भाड़ में
ओढ़-ओढ़कर कुछ मुखौटे
बार बार कर कुछ समझौते
बडे.कभी या फिर
कुछ अनगिन छोटे-छोटे

अवसर के फूलों से
बना एक जयमाला
कर सफलता का स्वयंवर
अँधियारे में छुपे जुगनुओं से चमकते
खुशियों की भीनी खुशबुओं से चहकते
जीने की, जीवन–रस को
यूँ घूँट–घूँट भर,
बूँद बूँद कर पीने की
परिभाषा को करके मुखर

जिंदगी है कभी–कभी
कुछ पीछे छूटा एक लमहा
किसी शाख से, जैसे, जब–तब
टूटा पत्ता एक तनहा
वक्त के इन काफिलों के
सिलसिलों से
दूर कहीं छिटका–ठिठका,
यहीं–कहीं छिपता–छिपता
कदमों की
ताबड़तोड़ कदमताल से
खुद के बिखरे से
वजूद को सँभाल के
हालातों की बेडियों को
तोड़, खुद को
बरबस बाहर निकाल के
कशमकश को तोड़ती सी
एक जद्दोजहद
कर खुदी को बुलंद

जीतकर हारी हर एक जंग
निकालकर खुद के लिए
एक नयी सी डगर
जिंदगी है एक सफर

बाकी सब कुछ बकवास है

बस वही बस खास है
बाकी सब कुछ बकवास है

उस पिछले कल,
इस अगले कल ने
छीना जिसका
एक एक पल
उसमें सिमटी
हर एक हलचल
ये सब ही बिंदास है
बाकी सब कुछ बकवास है

जीवनधारा की
हर कल-कल में
जीने का अहसास है
इसकी हर तरंग में
इसकी हर उमंग में
जीने का जो राज है
बस वही बस खास है
बाकी सब कुछ बकवास है

एक नयी सुबह,
संग-संग उतरी
यूँ जीने की एक नई वजह,
हर दिन एक आकार लेता

आज है
जिंदगी को एक नया आकाश देता
जीने का एक अंदाज है
सचमुच कितना ये खास है
ये सचमुच कितना खास है
बाकी सब कुछ बकवास है

इसी खास की नयी आस में
हर "काश" पर हावी होती सी
खुशनुमा सी, जीने की
इस प्यास में
जिंदगी की धड़कन है
बचपन में अंकुर बन सिमटा
एक यौवन है
हर पचपन के शुभ्र शिखर से
बूँद-बूँद ढलकता सा एक बचपन है
बीज-बीज में अंकुर बनता
उपवन है
ये जीवन की पहचान है
ये ही जीवन की जान है
आन-बान और शान है
पल पल यह रहता पास है
बस यही बस खास है
बाकी सब कुछ बकवास है

बीते और रीते कल को
कंधे पर ढोते रहना
क्या जिंदगी यही है?

चंद चमकते–खनकते
सिक्कों के पीछे
भागा–भागी, आपा–धापी
जिंदगी नहीं है
हम जब, जहाँ पे खड़े हैं
और जब जहाँ से बढे हैं
वो पल, वो थल अहम है
हाँ, अहम सबसे पहले बढता कदम है
इस कदमताल में ही जीवन का सरगम है
इससे सुरभित, इससे पुलकित
जीवन की हर साँस है
बस वही बस खास है
बाकी सब कुछ बकवास है

वो छूटता कल
और आज को लूटता,
वो बार–बार फिर रूठता कल
पल–पल हाथों से छूटता कल
ये दोनों बस आभास हैं
इन दो पाटों के बीच फँसा,
पिसता, रिसता जो आज है
जीने का अहसास है
पल–पल एक आगाज़ है
दबे पाँव आ दस्तक देती सी
खुशियों की आवाज है
चोरी–चोरी, चुपके–चुपके
ढलका एक अहसास है
सिर्फ वही जो आसपास है

जो संग-संग चलता आज है
पल-पल में पलता आज है
पल-पल में ढलता आज है
बस वही सब खास है
बाकी सब कुछ बकवास है

इस तरह मैं जीना सीख गया

जो चला गया,
जो चला गया,
जो आँखों को
छलछला गया
जिसके हाथों
मन छला गया

जो लूट गया,
जो छूट गया,
मुझसे जाने क्यूँ
रूठ गया

मुझसे वो
क्या–क्या
लूट गया

मन में कुछ,
जाने कैसे,
कब, क्यूँ टूट गया

एक शीशे सा
मन चटक गया
खुद का ही रुख
देख टूटते आईने में
धुँधले–धुँधले,

बदले-बदले
मायने में
देख जिंदगी का चेहरा
मन भटक गया

आशा और निराशा बिच
मन बना त्रिशंकु,
लटक गया

जाने क्या मन को
खटक गया

और कहाँ फँसा,
कब अटक गया

अब कैसे इसे सँभालूँ मैं ?
अब कैसे इसे सँभालू मैं ?

अपने अतीत की दलदल से
भटकावों की इस फिसलन से
भटकाती सी पगडंडियों,
उलझाती सी हर उलझन से
कैसे अब इसे निकालूँ मैं ?

खो गयी जिंदगी
बीते कल की पर्तों में,
कंचनमृग के सम्मोहन में
और पल-पल छल के गर्तों में,
किस तरह इसे खंगालूँ मैं

हाँ, जिसने
जीवन को दगा दिया
मैंने भी
मन से भगा दिया

और जो लमहे हैं
पास मेरे
बस खुद को
उनमें बसा लिया

हर लमहे में
डूब-डूबकर
अब मैं जीता

मन की अंजुलि
भर-भरकर
हर पल को
यूँ बूँद बूँद कर
घूँट-घूँट भर
अब मैं पीता

हर पल को
मुट्ठी में करता
हर खुशबू
साँसों में भरता

हर आज को
आगाज़ समझ

जीने का एक
अंदाज समझ

हर एक लमहे का
हाथ थाम कर
हर आज को
मुकाम कर

इसमें सिमटी,
इस में लपटी
सब खुशियों को पहचान कर
हर लमहे का सम्मान कर
हर कुंठा में मुस्कान भर

हर पल में जीवन खोजकर
हर कोशिश में एक जोश भर
हर चिंतन में महकी सोच भर
चैतन्य-रवि का ओज भर

मत छूटे का अफसोस कर
निज भाग्य पर मत दोष धर
हर प्राप्त में पर्याप्त भर,
आनंद भर, संतोष भर

हर वीराना बरसाना कर
पतझड़ में वृंदावन खोजकर
हर बाला में राधा-दर्शन कर
हर बालक में मोहन खोजकर

क्षण–क्षण को नवजीवन कर
हर चिंतन में संजीवन भर
कण–कण को एक तीरथ कर
हर संकल्प को भगीरथ कर

पल–पल में अरमान भर
कण–कण को भगवान कर
जर्रे–जर्रे में पल–पल
एक नया जहान भर

जब जागा
तभी सवेरा है

वो लमहा
जो है साथ मेरे
उसमें ही मेरा
बसेरा है

बस एक यही तो
मेरा है
बस एक यही तो
मेरा है

मन जीत गया,
मैं जीत गया
जीवन के इस विद्यालय में
इस तरह मैं
जीना सीख गया

जो बीत गया
वो रीत गया

जो छूट गया
उससे बस नाता
टूट गया

जो हाथ रहा
वो साथ रहा

जो नहीं मिला
वो सपना है

जो साथ रहा,
जो पास रहा
वो अपना है

हाँ, बस वही तो
अपना है
हाँ, बस ही तो
अपना है

पहला-पहला कदम

हम जब जहाँ से
पहला–पहला
कदम उठा के
आगे बढ़ते हैं

एक नयी हिम्मत जुटा के
खुद को पूरा आजमा के
पग–पग डग पे
आगे चलते हैं

वो जगह और वो लमहा,
दोनों ही सबसे बड़े हैं

पहला कदम,
फिर दूसरा,
दूसरा, फिर तीसरा..
हर कदम हर मायूसी के
कंटकवन को चीरता,
यूँ एक–एक कर
जीवन के पग
आगे बढे.हैं
हर अरमान ने
परवान चढे.हैं

हाँ, हम जब
जहाँ पर खड़े हैं
उस मिट्टी के कण-कण में
उस कालखंड के क्षण-क्षण में
उत्कर्ष के वटवृक्ष की
गहरी जड़ें हैं

हाँ, पहला-पहला कदम ही
नवसाहस और नयी पहल का
एक विलक्षण संगम ही

नवचेतना, स्फूर्ति, नव ऊर्जा,
नयी उमंगों, नयी तरंगों का
यह मूल उद्गम ही

हर एक नया प्रयास ही
हर एक नया आगाज़ ही
उम्मीदों के पंखों से
हर एक नया परवाज़ ही
हर दिन रोज नया आता
एक आज ही
जीने का एक अंदाज है

हाँ, क्षणभंगुर से
जीवन के इस
नव अंकुर में
पाता मन का
हर सपना
आकार है

हाँ, बस यही नवसृष्टि की
हरी–भरी सी एक धरती,
इस नवदृष्टि में ही सिमटा,
इस नयी सोच के दामन में ही
बैठा लिपटा
नयी–नयी संभावनाओं का
विस्तृत आकाश है

हर नया कदम नवजीवन है
हर एक उधड़न की सीवन है
हर एक उलझन की सुलझन है
हर एक समस्या का हल है

हाँ, जीवन में सबसे बड़ी,
एक शुभ मुहूरत सी घड़ी
बन माँ की ही मूरत बड़ी
इस धरती के इस तीरथ में
हर अगस्त्य, हर विश्वामित्र
और हर एक भगीरथ ने
नवसंकल्पों की स्याही से,
नवसाहस की लेखनी से
एक नया इतिहास लिखा है

सपनों को सच के
साँचे में ढाल कर
प्राची की नवकिरण बन
कल, आज और कल में शोभित
काल के कपाल पर

निसदिन, पलछिन, नित नूतन
आशा और विश्वास लिखा है
शव के सीने में भी जब–तब
नवप्राणों का नवश्वास लिखा है

हाँ, इसी खुदी की इसी बुलंदी पर,
इंसान की इसी मेहनत पर
और अक्लमंदी पर
नवसृष्टि का इतिहास टिका है

हर एक सृजन की एक धरती,
नवदृष्टि का आकाश टिका है

जमीन से जुड़ा आदमी

जमीन से जुड़ा आदमी
जमीन से जुड़ा आदमी

हाँ, बस वही
जिसको कहते हम
"डाउन टू अर्थ"
वही समझता है
जीवन का सच्चा अर्थ
इसके हर एक पहलू से
पल-पल जुड़ा आदमी
जमीन से जुड़ा आदमी

हालात के इशारे पे
जुगाड़ के सहारे से
तंग चादर के मुताबिक
पाँवों को भरसक मोड़ता
हालातों के संग-संग चलता
उनके साये में पलता
उनके साँचे में ढलता
उसके तंग दायरे में
हर पल सिकुड़ा आदमी
जमीन से जुड़ा आदमी

कड़वे सच के दायरे में
खुद को खुद से जोड़ते

डगर के हर मोड़ पे
खुद को पग-पग मोड़ के
खुद को सफर से जोड़ के
लमहा-लमहा, तनहा-तनहा
खुदबखुद तुड़ा-मुड़ा आदमी
ऐसा ही होता है कुछ
जमीन से जुड़ा आदमी

अठन्नी भर बचाने को
जूते-चप्पल के तलुवे में
बने अठन्नी छाप छेद से
पग-पग पल-पल बार-बार
जमीन से जुड़ा आदमी

हाँ, चाहो तो तुम हँस सकते हो,
पर बाकी सबसे है जुदा आदमी
बरबस खुद से ही जुड़ा आदमी
जमीन से जुड़ा आदमी

आसमान के ऊँचे
चाँद-सितारों से
और सूरज की चकाचौंध से
चमकी-दमकी सी झिलमिल
बहारों से
दूर जमीं पर
अपने हाथों से खुद पकड़े
अपने हाथों में खुद जकडे.
अपने मन के एक मुट्ठी आसमान में

छोटी-छोटी सी खुशियों में
छोटी-छोटी सी कशिशों से
नाकामी की बंदिशों से
हार मान भागी फिर लौटी
छोटी-छोटी कोशिशों के
छोटे-छोटे से पंखों से
बार-बार यूँ उड़ा आदमी
जमीन से जुडा.आदमी

हर एक नई सुबह से
मिलती जीने की
खुशनुमा सी वजह में
जिंदगी के नये साज को
रोज-रोज एक नये आज को
ढूँढ-ढूँढ जीता हुआ
इसके हर एक लमहे को
घूँट-घूँट भर,
बूँद-बूँद पीता हुआ
मजबूत इरादों की सुइयों से
जिंदगी की हर उधड़न सीता हुआ
कभी-कभी यूँ खुद ही
उधडा-उखड़ा आदमी
ठोकर खाकर
गिर-गिर, फिर-फिर
खड़ा आदमी
जमीन से जुडा.आदमी

जिंदगी की हर उघड़न

ढकता हुआ
हरफनमौला, सदाबहार बन
पल-पल में बसता हुआ
हर धूप और हर छाँव में
हर उतार पे, हर चढाव़ पे
अंगद जैसे पाँव से
हर तूफान, हर सुनामी में
हालातों की हर आँधी में
जैसे-तैसे भी खड़ा आदमी
जमीन से जुडा.आदमी

खास नहीं बस बिल्कुल आम
हर कोशिश में ढूँढे अंजाम
चुँधियाते से आसमान के
भरमाते से साये से
खुद ही बिछुडा.आदमी
जमीन से जुडा.आदमी
जमीन से जुडा.आदमी

मेरा अपना आप

आज मैं एक बार फिर
भरमाते और उलझाते से
ख्यालों और सवालों से घिर
अनायास यूँ असमय
और बनकर एक विस्मय,
अपनी ही मदहोशी में
बोलती सी खामोशी में
गया नींद से जाग

मेरा अपना आप उठ के
चोरी–चोरी चुपके–चुपके
दबे पाँव आ, दस्तक देकर
अहसासों की नर्म,
गर्म सी उँगलियों की
गुद्‌गुदी सौगात देकर
हाथों में फिर हाथ लेकर
बैठ गया यूँ मेरे पास

पास आकर,
मुस्कुराकर
साया सा बन,
मन पर छाकर
लगा पूछने,
"पहचाना ?
देख रहे हो ऐसे, जैसे
हूँ मैं कोई अनजाना"

लगा मुझे ऐसे,
मैं जैसे
देख रहा हूँ आईना
यह मेरा वजूद था, मुझसे
पूछ रहा होने का, खुद के,
भूला–बिसरा सा
एक मायना

हाँ, इसको ही तो
ना जाने मैं
कब से ढूँढ रहा था
साथ मेरे था साये सा
जीवन के सरमाये सा
पर जाने क्यूँ
मैं ही आँखें मूँद रहा था

इसे छोड़कर मैं तो बाकी
सब कुछ देख रहा था

खुद में बसते खुदा से,
खुद का नाता तोड़कर
भूलभुलैया सी भरमाती,
भटकाती और अटकाती
दुनियादारी की बिसात पर
पासे फेंक रहा था

कस्तूरी मुझमें बसी थी,
ना जाने कब से छुपी थी

इसकी खुशबू से बौराया,
खुद को जाने क्यूँ बिसराया
कभी उधर और कभी इधर
ना जाने कब, क्यूँ, किधर
खुद से खुद ही बेखुद, बेसुध
खुद से खुद ही बेखबर

कुछ ज्यादा,
फिर उससे ज्यादा
पाने को होकर आमादा
अंधाधुंध, लोभ की धुंध
गिरगिट जैसे रंग बदलते
हालातों का
एक घना सा कोहरा

ताबड़तोड़, अंधी दौड़
जोड़तोड़, बस जोड़तोड़
मेरी मृगतृष्णा बनाकर
मुझको अपना मोहरा

मुझको छल–छल,
मुझसे पल–पल
खेल रही थी

ना जाने कैसी मजबूरी
खुद से ही खुद की दूरी
कब से यह सब झेल रही थी
जिंदगी यूँ लुका–छिपी का
मुझसे खेल खेल रही थी

तभी अचानक
देखा मैंने,
देता दस्तक
मन की इस दहलीज पे
बीते कल से
मुझको बाहर खींच के,
मुझको मुझसे ही मिला के
काल की जड़ हिमशिला से
एक नया दिन बूँद-बूँद कर
अपना रस्ता ढूँढ-ढूँढकर
पल-पल पिघल रहा था

प्राची से नवजात रवि
फिर हौले-हौले
निकल रहा था

फिर अनजाने अनायास
आकर मेरे आस-पास
चेतना की खिड़की से
एक नयी सुबह का
जीने की
एक नयी वजह सा
एक सुनहरा,
एक रुपहला
खुशनुमा सा,
एक दुआ सा
अहसास एक बिंदास
पल-पल बिखर रहा था

और सामने कैलेंडर से
एक नया सा रूप धर के
बनकर एक नयी तारीख,
महाकाल का नव आशीष,
नयी सुबह की नयी सीख
नयी सुबह की नयी किरण
नवजीवन का सम्मिलन

मेरा अपना आज सामने
एक नयी मुस्कान बन
मेरी एक पहचान बन
एक नये अंदाज सा
एक नये आग़ाज़ सा
झर–झर, झर–झर
झरने सा झर
कण–कण
बिखर रहा था

और मेरा सोया सा,
ना जाने क्यूँ,
कब से खोया सा
मेरा अपना आप खुद ही
पल–पल निखर रहा था

मैं एक सोई चेतना हूँ

मैं एक सोयी चेतना हूँ
जड़ता के इस तमस में
मानव की हर बहक में
स्वयं का अस्तित्व खोजती
इन काले मेघों के बीच
कभी-कभी यूँ यहीं-कहीं
बिजली सी बन कौंधती
मानव की खोयी चेतना हूँ

हाँ, मैं एक संवेदना हूँ,
एक खोयी सी संवेदना हूँ
पाषाण होते जा रहे इंसान की

मंदिरों में कैद कर,
मन से बाहर ढकेल कर
ढेर सारे बाहरी आडंबरों के
चमचमाते आवरण में लपेटकर,
हर जीवन से अज्ञातवास सा झेलकर
हर मन के भूले-बिसरे,
नफरत की दीवारों से
बँटते, छँटते से भगवान की

मानव-मानव में भेदकर,
निर्ममता से छेद-छेदकर
कटते-मरते इंसान की

वृद्धों को वृद्धाश्रम भेजकर,
अपना, सिर्फ अपना ही
स्वार्थ मन में सहेजकर,
तार–तार से होते
सब संबंधों की
एक सोई संवेदना हूँ
हर एक आहत से हृदय में
सिमटी एक वेदना हूँ

मैं सड़कों पर धूल फाँकता,
युगचेतना के यक्ष–प्रश्न पर
निरुत्तर, बगलें झाँकता
एक खोखला सा,
दोगला सा विकास हूँ

मैं मजबूरों के, मजदूरों के
पाँव तले खिसकी धरती,
उनके टूटे सपनों का एक
मुट्ठी भर आकाश हूँ

व्यवस्था के गोरखधंधों से,
अपने थके–थके कंधों पे,
जीवन का अभिशाप ढोती,
हाँ, खुद की ही लाश ढोती
एक टूटी सी आस हूँ

हाँ, मैं खुद के ही आँकड़ों में
बिखरता हर शून्य खोजता,

भरमाते से, पगलाते से
भाषण में खोया राशन,
बनकर बस एक आश्वासन,
खुद का खोया मूल्य खोजता,
खुद से ही अनजान सा,
खोता खुद की पहचान सा
चकाचौंध सा करता सबको,
कंचनमृग सा चमचमाता प्रकाश हूँ

जी हाँ, आप सही समझे हैं,
मैं धरातल से कटा सा,
रंग–बिरंगी पतंग सा उड़
आसमान से सटा सा,
आम जीवन से हटा सा,
गुमराह करती आँधियों के
खूबसूरत से पंखों पर लदा सा
विकास हूँ

सिर्फ दूर से अच्छा लगता,
कड़वे सच के सामने,
झूठा और कच्चा लगता
वक्त से पहले बूढे.से होते देश के
चेहरे जैसा पोपला सा विकास हूँ

मैं मानव की लिप्सा से
धूमिल होता सा गगन हूँ,
मैं उसके पापों को ढोता
दूषित होता सा पवन हूँ

मैं सिर्फ धुआँ-धुआँ ही
होता रहता सा एक अनल हूँ
मैं बेटों के पाप धोता,
अपनी निर्मलता खोता
गंगा-जमुना का जल हूँ

मैं पेडों की छाँव खोजता,
बेबस अपना मन मसोसता,
मन में भरते संताप से,
पल-पल बढ़ते इस ताप से,
हर रोज तपन का कफन ओढ़ता,
धरती माँ का आँचल हूँ

अपनी हरियाली खोती,
सूनी और खाली गोदी,
देख-देख बेबस रोती
कटी-फटी सी धरती माँ का
आहत मन हूँ
मैं लुटे-पिटे हिमालय का
घायल तन हूँ
मैं हरियाली को चीरती
राहों सा निष्ठुर मन हूँ

हाँ, मैं ब्रह्मा की
सर्वोत्तम रचना मानव का,
हाँ, खुद की ही कब्र खोदते,
आत्मघाती दानव का,
चेतना-संवेदना से शून्य मन हूँ

मैं मृगतृष्णा से भरमाया सा,
भूला–भटका सा हिरण हूँ
मैं स्वयं का अस्तित्व खोजती
प्राची की पहली किरण हूँ

हाँ, मानव के हृदय की,
मशीन सी बनती हुई
एक धड़कन हूँ
मैं मानवता के आँचल को
काट–छाँटकर छोटा करती
चिंतन की एक सिकुड़न हूँ

इंसान नहीं मैं,
सिर्फ एक रोबोट हूँ,
चेतना से आँख मूँदकर,
अंधकार में डूबकर,
एक और भस्मासुर बनकर
खुद के ही हाथों,
खुद के ही भविष्य पर,
खुद के ही अस्तित्व पर
एक गहरी चोट हूँ
मैं इंसान नहीं,
सिर्फ एक रोबोट हूँ

आखिर, है यह कौन?

आखिर, है यह कौन?
आखिर, है यह कौन?
मन के हर कोने में आकर
आकर, बन साया सा, छाकर
यूँ झाँकता है कौन?
आखिर, है यह कौन?

यह मन का भेदी
विस्मृति की हर लंका ढाता
मुझमें आकर रच-बस जाता
आखिर, है यह कौन?

हर तनहाई के आलम में
पल-पल हुए मुलायम से,
रचे-बसे यूँ,
मन की मीठी चाशनी में
अहसासों की चाँदनी में
एक अनजानी सी आहट संग
चुरा मन के सतरंगी आँगन से
इंद्रधनुष के सात रंग
दस्तक देता चोरी-चोरी,
चुपके-चुपके, दबे पाँव,
यूँ आ-आकर छुप-छुप के
मन को वृंदावन कर जाता है कौन
आखिर, है यह कौन ?

मन का अपना ही मौन ?
मगर मौन को स्वर देता सा
नि :शब्द बने इन सब लमहों को
ढाई अक्षर देता सा
आखिर, है यह कौन?
आखिर, है यह कौन ?

हाँ, जिसके साये में लगता
महके-चहके जज्बातों के,
बहके सरमाये में लगता
बाकी सब कुछ गौण
ना जाने है कौन ?
आखिर, है यह कौन?

जिससे सुरभित, सम्मोहित,
और संबोधित होता है मौन
जिससे स्वर पाकर
हो जाता है मुखर, विलक्षण
पा जाता कुछ बोल
लगे नाचने सुनकर
मेरे मन का मोर
वो सरगम है कौन
आखिर, है यह कौन?
आखिर, है यह कौन?

कोई भूली-बिसरी याद ?
खुद का खुद से ही संवाद ?
कोई अल्हड़ सा विवाद ?

मन की अधखुली हथेली सा
पचपन को बचपन करती सी
एक अजब अठखेली सा
यायावर मन को आ–आकर
करता सा आबाद
मेरा अपना सा
एक सपना सा
बरबस आकर रमता सा
यह कौन?
आखिर, है यह कौन?
आखिर, है यह कौन ?

वो बापू खादी वाला

वो बापू खादी वाला
वो बापू गाँधी बाबा
वो बापू खादी वाला

जिसके चरखे के धागे से
बँधा देशवासी हर कोई
हर एक धर्म,
हर भाषा,
हर जाति वाला
वो बापू खादी वाला

नमक, स्वदेशी, भारत छोडो
जैसे अद्भुत नवप्रयोग से
सत्य–अहिंसा के अद्भुत
अस्त्रों के नवसंयोग से
एक विलक्षण मनोयोग से
चेतना का कर विस्तार
सादा जीवन, उच्च विचार,
सादगी का नव अवतार
अद्भुत दिव्य संस्कार
फूट, लूट में फँसे देश की
नैया का वो खेवनहार
देवदूत आजादी वाला
वो बापू खादी वाला

व्यापारी बन आये
और फिर
एकछत्र शासक बन छाये
ताकतवर साम्राज्य को
फिरंगियों के उस अन्यायी राज्य को
आकर धता बताने वाला
आकर मजा चखाने वाला
उल्टे पाँव भगाने वाला
वो बूढा.लाठी वाला
वो बापू खादी वाला

साबरमती के संत को,
कटुता के पतझड़ में उमडे.
प्रेम और बंधुत्व के,
एक महकते बसंत को
अमन–चैन की बंसी से
चहकते स्वातंत्र्य की
एक नई उमंग को
अर्पित ये श्रद्धा सुमन
सजल नयन, कृतज्ञ मन
करता शतवंदन, अभिनंदन
शिरसा कोटि–कोटि नमन
बने प्रेरणा एक बार फिर
बने चेतना एक बार फिर
जड़ निद्रा में सोये युग की,
मानव को मानव से जोडे.
संवेदना एक अद्भुत सी
दे महासंत, वो युगपुरुष,

वो महामानव, जननायक
हम सबकी आजादी वाला
वो बापू खादी वाला
वो बूढा.लाठी वाला
वो बापू गाँधी बाबा
वो बापू खादी वाला

हर लमहे को इतिहास बनाओ

हर एक अमावस के सीने में
नयी सुबह की नयी वजह सा
खुशनुमा अहसास जगाओ
हर पतझड़ को मधुमास बनाओ
हर लमहे को इतिहास बनाओ

हर अवसर के बीज में
अंकुर बनकर छिपी
एक संभावना को
मन की हर एक पंखुड़ी पे
बूँद–बूँद सी ढलकी
सुंदर भावना को
हर जंगल के अंचल में
एक शुभ की मंगलकामना को
सपनों का एक मुट्ठी भर
आकाश बनाओ
हर लमहे को इतिहास बनाओ

हर कंकर में खोजो शंकर
महाकाल सा रुद्र भयंकर
लगे रूप अद्भुत अभयंकर
कालचक्र का एक–एक क्षण
धरती का कण–कण, तृण–तृण
बन जाये वंदन का चंदन
चैतन्यपूर्ण हो हर चिंतन

हर विषाद को एक प्रसाद कर
हर आम को कुछ खास बनाओ
हर लमहे को इतिहास बनाओ

हर मन में हो वृंदावन
धड़कन हो वीणा मनभावन
हर सुरधारा में एक राधा
हर नाद बने एक मनमोहन
हर आस बने एक उषाकिरण
और हो परास्त जड़ सम्मोहन
कुंठा के धूमिल चेहरे पर
बच्चे सा अल्हड़ झर-झर-झर
झरने सा झरता हास जगाओ
हर लमहे को इतिहास बनाओ

मुस्कुराइये कि आप....

मुस्कुराइये कि आप आज
सिर्फ अपने आप में हैं
मुस्कुराइये कि आज आप
सिर्फ अपने आज में हैं
मुस्कुराइये कि आप बस
खुद के ही आस-पास में हैं

खिलखिलाइये कि आप सबसे
खुशनुमा अंदाज में हैं
खिलखिलाइये कि आप
एक नयी सुबह के,
जीने की, खुश होने की
एक नयी वजह के
एक नये आगाज़ में हैं

यह अंदाज सबसे जुदा-जुदा है
इसके बढ़ते कदमों संग
साथ-साथ चलती-बढ़ती
राह के हर मील के
हर पत्थर पर
जिंदगी का नाम खुदा है

एक चहकता सा
महकता सा,
हर लमहे में

खुद को पाता,
हर लमहे पर
छाता जाता,
इसके रंग में
इसके संग में
जिंदगी का खुशनुमा
अहसास जुडा.है

हर मोड़ पर
एक खूबसूरत
इत्तफाक़ जुडा.है
एक मुट्ठी भर
बहकता सा
रंग हवा में उडा.है
हर फिजा.में घुला है

पल–पल में इसके,
बंदगी बन
रचता–बसता सा
खुदा है
यह एक बच्चे सा मासूम सा है
खिले फूल की डाली पे
हर लमहे की हरियाली में
एक मीठी मुस्कान बनकर
वक्त के हर साज पे
एक मीठी सी तान बनकर
मदमस्त होकर झूमता है

हर लमहे में लिपटी-
सिमटी खुशियों का
लहराता सा, गहराता सा
महका-बहका सा दामन
आँख मूँदकर चूमता है

नहीं ठहरता यह
इस कल की
और उस कल की
भटकाती सी, अटकाती सी,
भरमाती सी गलियों में
यह तो बसता हर लमहे की
छोटी-छोटी कलियों में
यह तो अब में बसते रब के
आस-पास ही घूमता है

मुस्कुराइये,
आज आप बस
खुद के ही पाँवों तले
जमीन पे हैं

एक खुले-खुले से
सावन की पहली बरखा में
धुले-धुले से
आस-पास अहसास भरे
आकाश तले हैं

हाँ, बस इसके साये में ही
छोटी–छोटी खुशियों के इस
छोटे से सरमाये में ही
इसमें सिमटी खामोशी में
लमहों की इस सरगोशी में
बूँद–बूँद कर मदहोशी के
सारे आलम ढले हैं

इसकी ममता के आँचल में
इस हरी–भरी हरियाली के
भरे–भरे से दामन में
छुपकर पल–पल पले हैं

जीवन के सब स्वाति–बिंदु
इन सीपियों में ढल–ढलकर
कीमती मोती बने हैं
हर बिंदु में आनंद के
ये सात सिंधु ढले हैं

अजी, कभी तो
अजी, कहीं तो
इस अंधी आपाधापी से
बाहर आकर
वक्त की इस
भारीभरकम सी झोली से
कुछ हसीन लमहे चुराकर
जिंदगी को एक तोहफा दें
जीने का एक मौका दें

हर लमहे संग मुस्कुराकर
उसमें खोकर, खुद को पाकर
उसके संग–संग कदम बढाक़र
इसकी खुशबू
महसूस करें

हर एक लमहे में समाकर
जिंदगी को पास लाकर,
जिंदगी के पास आकर
महका–चहका–बहका सा
अहसास पाकर
खुद को यूँ
महफ़ूज़ करें

खुद ही यह
महसूस करें कि
हर एक लमहा
जो अब तक था
तनहा–तनहा
एक दूजे संग
एक नये संसार में है
एक मीठी तकरार में है
प्यार भरी मनुहार में है
एक लखनवी अंदाज में है
"पहले आप, पहले आप" में हैं

मुस्कुराइये कि आज आप
सिर्फ अपने आप में हैं

मुस्कुराइये कि आज आप
सिर्फ अपने आज में हैं
एक खुशनुमा अहसास में हैं
एक जवाँ अंदाज में हैं
एक नई सुबह
चमकते और दमकते
आगाज़ में हैं

पर इसके लिए
मुकम्मल कर लें
कि आप अपने आज में हैं
आज अपने आप में हैं
आज अपने साथ में हैं
खुद के आस-पास में हैं

समय के हस्ताक्षर

जीवन के कोरे कागज पर
पल-पल समय के हस्ताक्षर
क्या कहे निशा के कानों में
हर नयी सुबह यूँ आ-आकर

हर एक उदासी को
कह देती अलविदा
खुश होने की एक खुशनुमा सी
नयी वजह यूँ मुस्कुराकर

घड़ी की सुइयों के संग घूमते
लमहों, मिनटों और घंटों के,
और छपे कैलेंडर के सीने पे
तारीखों, हफ्तों, महीनों के पंखों पे
उड़ते समय के पंछी संग
यह साल भी उड़ जाना है

और अगले साल की
बंद मुट्ठी में सिमटा,
इस नन्हे से नवजात शिशु की
जन्मघुट्टी में सिमटा
अनिश्चितता की अनगिनत
परतों में लिपटा

भविष्य के उस गर्भ में
अनजान और अजात,
अनबूझे, अज्ञात,
अनागत कल का
इन नये मुबारक कदमों संग
आगाज़ करने आ रहे
नवजात पल का

बीते कल के बोझ से
आजाद कल का
कौन–कौन सा रूप
सामने आना है

इन सब का उत्तर तो अब भी
सिर्फ नियति के पास है
फिर भी जाने क्यूँ, किसलिए
हर नया साल यूँ हम सबको
लगता कुछ खास है!

जो आज अपने
आस–पास है
उसमें सिमटा सा
ऐसा कुछ अहसास है
आज से बेहतर कल होगा!
मासूम दुआ सी रूहानी
एक आस है
सच करने को,
इस आस को,
दाता से एक अरदास है

इस आस और अरदास पे
इस जिंदादिल अहसास पे
हर एक साँस संग
नित नूतन एक आस पे
यह जीवन, यह संसार टिका है

हाँ, ऐसी ही नवदृष्टि से
हर एक पल में एक
अगला पल दिखा है
हर एक आज में एक
उजला कल दिखा है

हाँ, वक्त की हवाओं में
जिंदगी के कैलेंडर के
उड़ते, उलटते-पलटते से
तुड़ते-मुड़ते और
सिकुड़ते से
इन पन्नों पे

इस कालवृक्ष के
पल-पल झरते
फिर नवपल्लवित,
नवविकसित
होते रहते इन पत्तों पे

इच्छा-शक्ति की लेखनी से
नवसंकल्पों की रोशनी में
मानव ने हर कालखंड में
नित-नूतन इतिहास लिखा हैं

अपनी-अपनी चुप्पियाँ

अपनी–अपनी चुप्पियाँ
अपनी–अपनी सरगोशियाँ
अपने–अपने दायरे में
सिमटती सी
बेबस सी खामोशियाँ

अपनी–अपनी मुश्किलें
अपनी–अपनी दुश्वारियाँ
अपनी–अपनी सीमायें
अपनी–अपनी लाचारियाँ
दायरों की, सरहदों की
बाँटने की
सब की सब तैयारियाँ

अपने–अपने रास्ते
जुदा–जुदा से वास्ते
अपने–अपने सरोकार
आत्ममुग्ध करती सी कुछ
मतलबी सी खुशियों के
अपने–अपने कारोबार

अपना–अपना कमज़ोर जोर,
अपनी–अपनी ख्वाहिशों का,
खुश रहने की फरमाइशों का
दबता हुआ, घुटता हुआ,

लुटता–पिटता सा बरबस
दम तोड़ता सा शोर

पल–पल होते सर्द से,
अपने–अपने दर्द से
उठती हुई सी,
एक दूजे से
अलग थलग
घुटती हुई सी
कुछ टीसें

एक दूजे का हाथ छोड़ती,
एक दूजे का साथ तोड़ती,
संग छोड़ती,
दम तोड़ती सी
कुछ चीखें

कुछ हो गयी है ऐसी अब
हम सबकी सोच,
बन गयी है जाने क्यों
एक दूजे संग चलते
पाँवों की एक मोच

दूसरों का दर्द देखकर
खिलखिलाने लगती है
उपहास की चंचल उंगली से
गुदगुदाने लगती हैं

अपनी बेदर्द हो चुकी
बेवक्त ही सो चुकी
बेशर्म सी संवेदना
भूलकर खुद की ही
सारी वेदना
हाँ, धुआँ-धुआँ सी हो चुकी हैं
मानव की अब चेतना

एक दूजे की त्रासदी पर
ना जाने क्यों आज हम
ताली बजाकर
नाचने लग जाते हैं
खुद के जमीर के साये से भी
नजर बचाकर
भागने लग जाते हैं

और यह व्यवस्था निष्ठुर
कुचल-मसलकर,
हर चिंतन के बीज से
फूटता सा चेतना का
हर अंकुर

और हम सबके हाथों ही
छीनकर एक दूजे की
कुछ वजहें छोटी-छोटी सी,
खुश रहने की,
क्षणभंगुर

एक दूजे की राह में
टाँग अडाने की
आकर रोडा.बन जाने की
एक टुच्ची सी हरकत
हमें एक टुच्ची सी
खुशी देकर जाती है

यह मतलबी सी
पत्थर दिल सी
हर कोशिश
ऊपर उठने की
हर कशिश को
एक अकाल मृत्यु
देकर जाती है

और पल भर को ही सही
मन का सारा दर्द
चुपके से लेकर जाती है

उन्मादी सी एक माया
कंचनमृग सी, भटकाती सी,
भरमाती सी एक छाया
बनकर मृगतृष्णा सा
नजरों को ढकता सा एक साया

और खो जाता है इसमें
इस अमूल्य मानव जीवन का
मानवीय मूल्यों का एक
बचा–खुचा सा सरमाया

मैं आज हूँ

मैं आज हूँ
मैं आज हूँ
वक्त की नाजुक,
थिरकती उँगलियों पर
लमहों का बजता हुआ
एक साज हूँ
मैं आज हूँ

पिछले कल
और अगले कल,
उस जकड़ते से कल
और उस छलते से कल,
इन दो पाटों के बीच से
खुद को बाहर खींच के
खुद के वजूद संग-संग सँभलता
हर पल के साँचे में ढलता
अहसासों की सीपी में ढल
एक स्वातिबिंदु सम
पल-पल पलता
नित नूतन मोती में ढलता
जीने का अंदाज हूँ
मैं आज हूँ

मैं वक्त की एक चहकती आवाज हूँ
पलकों के साये में पलती महकती सी आस हूँ

सपनों का एक बहकता आगाज़ हूँ
पल-पल नया अंदाज हूँ
एक खुशनुमा अहसास हूँ
मैं आज हूँ

मैं जीवन की जीवंतता हूँ
नश्वरता से पल-पल
बरबस बाहर झाँकती
काल की अनंतता हूँ
मैं नित नूतन ऊँचाइयाँ छूता हुआ
जीवन का परवाज हूँ
मैं आज हूँ

दो ठहरे-ठहरे से कलों के
बीच निरंतर बहता हूँ
रुकना मेरा काम नहीं,
मैं तो बस चलता रहता हूँ
पल-पल मैं एक
नयी कहानी कहता हूँ
बनकर मौजों की रवानी, बहता हूँ
इन जमे हुए दो कूलों के
जड़ता के इन दो शूलों के
बीच महकता फूल एक बिंदास हूँ
मैं आज हूँ

मैं तो एक उमंग हूँ
खुशनुमा अहसास की तरंग हूँ
मैं इंद्रधनुष में निखरा

हर एक रंग हूं
मैं हवा के कण-कण में
बिखरी हुई उन्मुक्तता की भंग हूँ
मैं महाकाल का डमरू हूँ
नटराज का थिरकता सा
मदमस्त अंग-प्रत्यंग हूँ

मैं जीवन की इन धमनियों में
दौड़ता सा रक्त हूँ
हर कल को पीछे छोड़ता
हर पल से नाता जोड़ता
जड़ता की सारी जंजीरें तोड़ता
पल-पल में अनुरक्त हूँ
मैं वक्त हूँ

मैं तो पल-पल में जीता हूँ
हर लमहे को
बूँद-बूँद कर,
घूँट-घूँट भर पीता हूँ
कल सा नहीं मैं बीता हूँ
कल सा नहीं मैं रीता हूँ

मैं तो नदिया सा भरा-भरा
महकी बगिया सा हरा-भरा
लमहों की इन पंखुडियों पे
ढलकती सी ओस हूँ
मैं जीवन के हर एक
पहलू से छलकती सी

एक जिंदादिल सोच हूँ
रहता तो मैं खामोश हूँ
पर पल–पल की
हर एक धड़कन का जोश हूँ
खुशबू सा मदहोश हूँ
एक पाक साफ सी ओस हूँ
प्राची की किरणों से बिखरा ओज हूँ
प्राप्त को पर्याप्त समझता
एक अद्भुत संतोष हूँ

मैं जीवन की सारी खुशियों का मंत्र हूँ
हर तनाव के बंधन से स्वतंत्र हूँ
मैं बच्चे सा अल्हड़ हूँ
मैं कबीर सा फक्कड़ हूँ
मैं अमर, अजर, निरंतर हूँ
मैं अभयहस्त अभयंकर हूँ
मैं महाकाल, मैं शंकर हूँ
संभावना का एक मुट्ठी आकाश हूँ
मैं हमसफर बन,
वक्त की हर एक डगर पर
हर लमहे का हाथ थामकर
चलने का एक अंदाज हूँ
मैं आज हूँ
मैं आज हूँ

क्या धरती बस इंसान की है?

एक बडे.आग के गोले से
टपके हौले-हौले से
पिघले सोने की बूँद सी
यह अपनी प्यारी धरती
सचमुच सबसे न्यारी धरती

माँ की गोदी सी बनकर
बनकर ममता की एक मूरत
एक दुआ सी पाक-साफ सी,
हरी-भरी और खूबसूरत
सबका लालन-पालन करती

हम सबके
हर आघात पर यूँ
रहती नीरव,
धरती धीरज
यह धरती

क्या सिर्फ और सिर्फ
बस इंसान की है ?

उस परमपिता शिव और
जगदंबा प्रकृति के
मिलन से जन्मा संसार,
जल-थल, जड़-चेतन में यूँ

वह निराकार बनकर साकार
गगन, पवन, अनल, जल, भूतल
बन प्रतिबिंबित सा होता वह
दिव्य, अद्भुत कलाकार

पर्वत, नदिया, सागर या फिर
कण–कण में सिमटे से
ये उसके मंदिर,
झर–झर झरता सा एक झरना,
गंगा, यमुना या फिर
एक छोटा सा दरिया

ये नीलकंठ से वृक्ष,
विष को अमृत करने में दक्ष,
प्राणिमात्र के जीने का
हर एक जरिया

इन सब पर ये इधर–उधर,
जीवन बनकर रहे उभर
उस चित्रकार की तूलिका के
रंगबिरंगे ये निशान

यह कायनात,
हाँ, उसकी यह सौगात,
यह खूबसूरत सा जहान
इन सभी के मालिक हैं क्या
सिर्फ हमीं इंसान ?

मगर ये इंसाँ जाने क्यूँ
मद में यूँ ऐंठा,
अहंकार मन में छिपकर
कुछ ऐसे बैठा
इन सबको बस
अपनी ही
जागीर समझ बैठा

उसकी लिखी तकदीर को
उसकी रची तस्वीर को,
उसकी हर इबारत को,
उसमें छुपी इबादत को,
बस खुद की ही
तदबीर समझ बैठा

करने लगा यूँ मनमानी
सब कुछ अपने वश में
करने की ठानी

बनकर रावण
सिय–संपदा का
कर हरण
बन दु:शासन
अपनी इस माँ का
बार–बार यूँ चीरहरण

खोयी हर एक चेतना
और सोई हर संवेदना

बन गया विवेक
कुछ ऐसे कुंभकरण

कर लिया अकालमृत्यु का
क्षण–क्षण यूँ वरण
इन सब में सिमटे
जीवन का
क्षण–क्षण यूँ क्षरण

होना समर्थ ही
बन गया बस अर्थ
यूँ अस्तित्व का
लाठी ही आधार बना
हर भैंस के स्वामित्व का
हम भूल गये ना जाने क्यूँ
मूल्य सह–अस्तित्व का

परिणाम हमारे सामने है
अगर यही है विश्वविजय तो
इसके क्या मायने हैं ?

दुर्भिक्ष, सुनामी, कोरोना,
सब कड़वे सच के आईने हैं
जान और जहान दोनों
खडे.आमने–सामने हैं

तब मृगतृष्णा से भटका मानव
अब बना त्रिशंकु, लटका मानव

इन दो पाटों के बीच
अब यूँ पिसता मानव

एक टूटी आस बनकर
और आखिरी साँस बनकर
बूँद-बूँद यूँ रिसता मानव

क्या विधि की सबसे
सुंदर इस रचना की
छवि के क्या बस
यही आईने हैं ?

अर्धनारीश्वर सा सच

गोरा रंग, गोरा रंग
सबका चहेता गोरा रंग
भरमाता, भटकाता सा
आँखों को चुँधियाता सा
मृगतृष्णा सा गोरा रंग
कंचनमृग बन तरसाता सा
एक तृष्णा सा गोरा रंग

मगर इसे कुछ और भी
मादक बनाने को
मोहक बनाकर
हर मन को
पल-पल लुभाने को

चाहिए, ना जाने क्यों,
काले बाल, काली भौंह,
नजर का काला टीका,
काला काजल, काला तिल

हाँ, ये सारे के सारे मिल
गोरे को कुछ और
उजला सा बनाते हैं

हाँ, जीवन में भी
काला-काला सा ही कुछ

उजले को कुछ और
उजला सा बनाते हैं

अगर नहीं हो तो काला तो
फिर शायद ना उजले रंग का
उजला यूँ उजाला हो
रजनी बिना
ना रूप उषा का
यूँ मतवाला हो

हर गोरी गोपी का सपना
हर गोरी राधा का अपना
एक काला
बंसी वाला ही
होता है

अगर फूल है रूप तो फिर
मन का भँवरा तो
काला ही
होता है

इस काले भँवरे से तो
अस्तित्व फूल का
और निराला ही होता है

अगर ना हो काला तो यह
रंगभेदी श्वेत वर्ण बस
एक कफ़न ही होता है

हाँ, जैसा भी हो,
गोरा–काला,
सीधा–सादा या निराला
एक दिन तो जलकर, आखिर
सिर्फ भस्म ही होता है

या फिर मिट्टी बन,
फिर मिट्टी में मिलने को
आखिर, दफन ही होता है

चल एक डगर,
बन हमसफ़र
खेल–खेलकर
आँखमिचौली,
दो रंगों की एक रंगोली
रचता हर एक
सुख–दु:ख होता है

हाँ, बस सुख ही
सब कुछ नहीं
दु:ख–कंटक बिच
खिले फूल सा
सुख ही एक
सच्चा सुख होता है

यह जीवन पल–पल
कल, आज और कल
रात–दिन और धूप–छाँव सा
गोरा–काला होता है

हाँ, इनके संगम से ही
जीवन एक चुनौती बन
अद्भुत निराला होता है

अंधियारे के बाद उजेरा
नये दिवस का नया सबेरा
खुशनुमा अहसासों का
अद्भुत बसेरा
कितना मतवाला होता है!

जीवन का सबसे शाश्वत सत्य,
परमसत्य सा परमतथ्य
एक सफेद से आवरण में
दबा-ढका जीवन का सत्य
मृत्यु के चेहरे सा काला होता है

हाँ, शिव-मंगल और
महाकाल विकराल,
अर्द्धनारीश्वर सा सच
श्याम-श्वेत बनकर ही
पूरा होता है

रहते एक दूजे के संग
शुक्ल-कृष्ण, ये दोनों रंग
अभिन्न एक दूजे के अंग
जीवन इनके बिना
अधूरा होता है

हाँ बनकर अर्द्धनारीश्वर
सत्य होता है शिव, सुंदर
निर्गुण सगुण, त्रिनेत्र त्रिगुण
और निराकार साकार सकाम
निष्काम बने खुद कामेश्वर
हो आप्तकाम और पूर्णकाम
हाँ, जन्म–मरण
संहार–सृजन कर
शंभु बनता है विश्वंभर
महाकाल बनता त्रिकाल
बने जगदीश्वर अर्द्धनारीश्वर

मैं हूँ एयर कंडीशनर

(यहाँ एयर कंडीशनर कोई मशीनरी नहीं, यह प्रतीक है एक-दूजे से अलग-थलग, अपने-अपने दायरे में कैद एक बंद और तंग मानसिकता का जिसकी कंडीशनिंग के लिए अलगाव जरूरी है)

मैं हूँ एयर कंडीशनर
एक विलासिता से,
आवश्यक आवश्यकता
और अब एक मूलभूत सुविधा तक का
तय करके लंबा सफर

आवश्यकता से बन गया हूँ
मैं अब एक मानसिकता
भर चुका हूँ आज मैं
हर किसी की जिंदगी में
एक मशीनी सा अंदाज
हर एक सोच में
एक कृत्रिमता, यांत्रिकता

अडौस़-पडौस़-मुक्त
गोधन-गोबर, रंग-रंगोली,
आँगन-मुक्त
हुआ यूँ आज हर एक घर
और फिर घर-मुक्त हो गया
हर एक मकान

फिर कंडीशंड होकर
बंद कमरों में
अलग-अलग यूँ
कैद हुआ सब का जहान

बँट गयी संवेदनाओं की धरती
बँट गया कुछ दायरों में
चेतना का आसमान

यूँ भिन्न-भिन्न परिधियों में बँट गया
उच्च-निम्न श्रेणियों में छँट गया
एक दूजे से कट गया
आत्ममुग्ध, आत्मविस्मृत
होकर हर इंसान

हाँ, मैं हूँ एयर कंडीशनर
और मैं राहत देता हूँ,
खिड़कियों और दरवाजों को
सब तरफ से बंद कर
और इसीलिए इन
अलग-थलग
कमरों के साथ-साथ
टुकडों में बँटता जा रहा है
हर मकान

और मकान के साथ हर घर
घर के साथ-साथ हर मन
मन के बंद दायरे में
घुट रही है हर एक सोच

रोकती है एक दूजे के
पास जाने से
हाल जानने
और गले लगाने से
पाँवों में बनकर एक मोच

हाँ, मन के इन बंद
खिड़की–दरवाजों ने
वंचित कर दिया है सबको
अपनेपन के धागों से

निगल गया है यह अलगाव
स्वार्थों का यह टकराव
संबंधों की पंखुड़ियों का यह बिखराव
चैतन्यपथ से मानवजाति का भटकाव
हर चेतना, संवेदना
मन का सरल–तरल हर भाव

निर्दोष होकर भी कहीं पर
कोई फँस रहा है
खुद में खोकर
और खुद का ही होकर
कोई, देखो, हँस रहा है
कोई लुट रहा है
और कोई लूट रहा है
और किसी का
सब कुछ, देखो,
छूट रहा है

कोई पीट रहा है
और कोई पिट रहा है
कोई घिस रहा है
कोई पिस रहा है
मानव से मानव का नाता
मिट रहा है

हाँ, एक दूजे से बेखबर
सब कुछ बटोरने को होकर
यूँ बेसबर
हर संवेदना है बेकदर
सो गयी है चेतना मुँह फेरकर

हाँ, हर एक मन है अब
एयर कंडीशनर

रिश्तों की गर्मजोशी से
पैदा हुई हर एक तपन से
दूसरों के दुःख से मिलती
चुभन से

स्वार्थों की हर ठंडक को
स्वार्थों के बंधक मन को
रखने को महफूज
हो गया जैसे मजबूर
अपनेपन से दूर–दूर

अनसुनी सी कर रहा
अनुभूतियों की हर दस्तक
बिन पढ़े ही
कर रहा है जैसे बंद
अहसासों की हर पुस्तक

खुद मानव होने की
हर एक सार्थकता पर
करता जा रहा है
यूँ एक गहरी चोट
रोबोट बनाकर
जैसे खुद ही
बन गया रोबोट

खुद से ही खुद को दूर
बहुत दूर खींचकर
खुद ही खुद की,
खुद से आँखें मीँचकर
बन गया गया है
खुद एयर कंडीशनर
बिल्कुल मेरे जैसा ही
एयर कंडीशनर

मैं कौन हूँ ?

मैं मौन हूँ,
जानता हूँ पर
नहीं समझता हूँ,
मैं कौन हूँ,
जाने क्यूँ उलझता हूँ

मैं कहाँ से आया हूँ
किस लिए और
फिर कहाँ पर
वापस जाना है ?
मैं जानता हूँ,
जानकर भी मौन हूँ,
मैं कौन हूँ

जाना है और वापस फिर से
बार-बार क्यूँ आना है,
आना-जाना बार-बार
क्यूँ चक्कर यहाँ लगाना है ?

यह चक्र आवागमन का
गमन, पुनरागमन का
माया के इस सम्मोहन का

यह जीवन एक अरण्य सा
क्षणभंगुर सा जीवन सचमुच

काल–चक्र के आगे लगता
है बिल्कुल ही नगण्य सा

हर जीव यहाँ
भटका हुआ सा
एक धर्मराज
काट रहा है लाख चौरासी
चारदीवारी में वनवास

ऐसी ही है माया–शकुनि के,
काम, क्रोध और लोभ जैसे
मायावी पासों की फाँस

हम समझ नहीं पाते हैं पर
पल–पल चुकती जाती साँस
पल–पल वसूलता रहता
इनके रूप में
हर रोज किराया सा हम से
यह किराये का आवास

इन दस द्वारों का,
हाड़–माँस से बने
कोठरी, चौबारों का
यह किराये का मकान

जानकर भी सब अनजान
हर एक सुबह के बाद है लाती
संध्या जीवन का अवसान

हाँ, हो सके तो लें पहचान,
हर एक चढाव़ के बाद यहाँ पर
मिलता है हर बार ढलान

हर बस्ती के पास सटा
बसता सुनसान सा श्मशान
आँख मूँदकर बैठे हैं,
क्या टालना इतना आसान?

मुश्किल नहीं, नामुमकिन है
बचे हुए हैं गिने-चुने
साल, महीने, हफ्ते, दिन हैं

लाख चौरासी बाद मिले
अवसर को पल-पल
हम यूँ लुटा रहे हैं
पास किनारे के आकर
नैया को डुबा रहे हैं

विषयों का ये भरमाता जश्न
हो रहा चैतन्य का
अनसुना यहाँ हर यक्ष-प्रश्न

मैं सारे उत्तर जानता हूँ,
फिर भी मौन हूँ
सब कुछ तो पहचानता हूँ,
फिर भी मौन हूँ,
जानता हूँ पर नहीं समझता हूँ
मैं कौन हूँ?